P9-DVO-536

Le paresseux

dans la forêt tropicale

Susan B. Neuman

Texte français de Marie-Josée Brière

L'arbre du vocabulaire

FORÊT TROPICALE HUMIDE

pluie   grand   arbre   chaud   soleil

ANIMAUX

paresseux   serpent   ara   papillon   singe

ACTIVITÉS

se balancer   ramper   crier   voler
grimper   se reposer

Paresseux à trois doigts

Bienvenue dans la forêt tropicale humide!

Éléphant pygmée de Bornéo

Il y pleut beaucoup.

Il y a de grands arbres.

Le soleil est chaud.

Lémur bambou doré

La forêt tropicale humide est un

Jaguar

endroit parfait pour les animaux.

Paresseux à trois doigts

Les paresseux se balancent.

Les serpents rampent.

Serpent *Chironius monticola*

Aras

Les aras crient.

Les papillons volent.

Les singes grimpent.

Singes semnopithèques obscurs

Certains animaux sont gros.

Gorille à dos argenté

Rainette aux yeux rouges

D'autres sont petits.

Certains se reposent sur des feuilles.

Iguane à crête des Fidji

Paresseux à deux doigts

Et les paresseux s'accrochent aux branches des arbres.

Tous ces animaux sont chez eux dans la forêt tropicale humide.

Carte des forêts tropicales humides

On trouve des forêts tropicales humides un peu partout dans le monde. Voici quelques animaux qui y vivent.

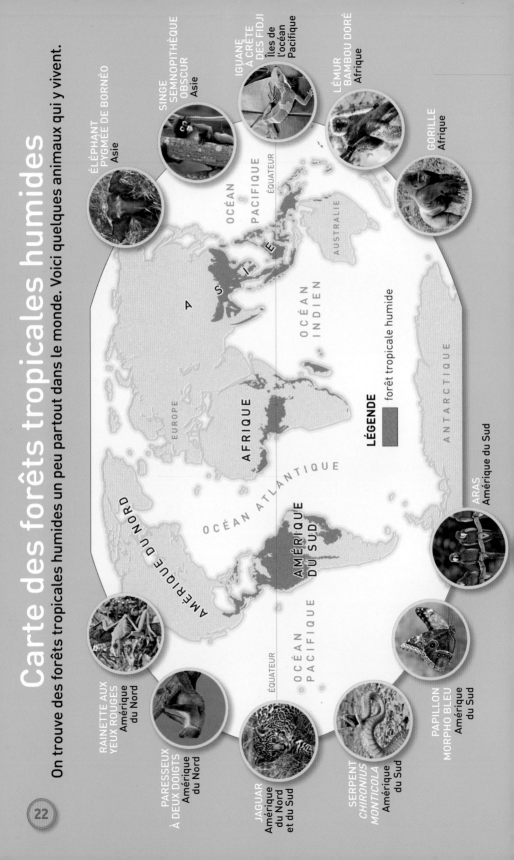

ÉLÉPHANT PYGMÉE DE BORNÉO
Asie

SINGE SEMNOPITHÈQUE OBSCUR
Asie

IGUANE À CRÊTE DES FIDJI
Îles de l'océan Pacifique

LÉMUR BAMBOU DORÉ
Afrique

GORILLE
Afrique

ÉQUATEUR

OCÉAN PACIFIQUE

A S I E

AUSTRALIE

OCÉAN INDIEN

EUROPE

AFRIQUE

ANTARCTIQUE

OCÉAN ATLANTIQUE

AMÉRIQUE DU NORD

AMÉRIQUE DU SUD

ÉQUATEUR

OCÉAN PACIFIQUE

LÉGENDE

forêt tropicale humide

RAINETTE AUX YEUX ROUGES
Amérique du Nord

PARESSEUX À DEUX DOIGTS
Amérique du Nord

JAGUAR
Amérique du Nord et du Sud

SERPENT CHIRONIUS MONTICOLA
Amérique du Sud

PAPILLON MORPHO BLEU
Amérique du Sud

ARAS
Amérique du Sud

Peux-tu trouver
trois animaux dans cette forêt
tropicale humide?

Catalogage avant publication de Bibliothèque et Archives Canada

Neuman, Susan B
[Swing, sloth! Français]
    Le paresseux dans la forêt tropicale / Susan B. Neuman ; texte français de Marie-Josée Brière.

(National Geographic kids)
Traduction de: Swing, sloth!
ISBN 978-1-4431-6981-3 (couverture souple)

    1. Faune des forêts pluviales--Ouvrages pour la jeunesse. I. Titre. II. Titre: Swing, sloth! Français. III. Collection: National Geographic kids.

QL112.N38714 2018   j591.734   C2018-902607-3

Édition publiée par les Éditions Scholastic, 604, rue King Ouest, Toronto (Ontario) M5V 1E1 avec la permission de National Geographic Partners, LLC.

5 4 3 2 1   Imprimé au Canada   119   18 19 20 21 22

Conception graphique de David M. Seager

Références photographiques :
Page couverture, Mark Kostich/E+/Getty Images; 1, Michael & Patricia Fogden/Minden Pictures; 2-3, Roy Toft/National Geographic Creative; 4-5, Juan Carlos Munoz/naturepl.com; 6, Banana Pancake/Alamy; 7, Lynn Gail/Lonely Planet Images/Getty Images; 8-9, ZSSD/Minden Pictures; 10-11, Michael & Patricia Fogden/Minden Pictures; 12-13, James Christensen/Foto Natura/Minden Pictures; 14-15, Frans Lanting/National Geographic Creative; 16, Stephen Dalton/Minden Pictures; 17, Elio Della Ferrera/naturepl.com; 18, khd/Shutterstock; 19, Piotr Naskrecki/Minden Pictures; 20, Patricio Robles Gil/Sierra Madre/Minden Pictures; 21, GlobalP/iStockphoto; 22 (grenouille), Piotr Naskrecki/Minden Pictures; 22 (paresseux), GlobalP/iStockphoto; 22 (jaguar), ZSSD/Minden Pictures; 22 (serpent), James Christensen/Foto Natura/Minden Pictures; 22 (papillon), Stephen Dalton/Minden Pictures; 22 (aras), Frans Lanting/National Geographic Creative; 22 (éléphant), Juan Carlos Munoz/naturepl.com; 22 (singe), Elio Della Ferrera/naturepl.com; 22 (iguane), Patricio Robles Gil/Sierra Madre/Minden Pictures; 22 (lémur), Lynn Gail/Lonely Planet Images/Getty Images; 22 (gorille), khd/Shutterstock; 23 (grenouille), Piotr Naskrecki/Minden Pictures; 23 (paresseux), Michael & Patricia Fogden/Minden Pictures; 23 (jaguar), ZSSD/Minden Pictures; 23 (forêt tropicale humide), Martin Shields/Alamy; 24, DLILLC/Corbis; toutes les pages (feuilles en arrière-plan), Laborant/Shutterstock.

Les as-tu tous trouvés?